D1693238

Ein Stück Zuhause fern der Heimat

Die in diesem Buch porträtierten Frauen sind bis auf zwei Gesprächspartnerinnen zu Beginn des russischen Angriffskrieges gegen die Ukraine im Frühjahr 2022 geflüchtet. Sie kamen aus Kiew, Odessa oder Dnipro nach Hannover, durch Zufall oder weil Verwandte hier wohnen.

In den Interviews erzählen sie von sich, ihrer Flucht aus der Ukraine, aber auch von ihrer Ankunft in einer neuen Welt. Eine Welt ohne Bomben, Zerstörung und ständige Angst um ihr Leben, doch fern ihrer Heimat, fern ihrer Verwandten, ihrer Männer oder Söhne. Sie erzählen von ihren Sorgen, ihrer Kraft und ihrem Mut. Von einem Leben, in dem nichts Gestriges mehr gilt und nichts Zukünftiges gewiss ist, einem Leben im täglichen Heute. „Jeder Tag hier bringt etwas anderes", sagt Zhanna. Doch inmitten der ständigen Herausforderungen gab es für die Frauen einen Ort, der ein Stück Zuhause, eine kleine Heimat war. Ein Ort, an dem sie ehrenamtlich gearbeitet, sich getroffen und ausgetauscht haben. Ein Ort, an dem sie auch Unterstützung bei ihren Problemen und offene Ohren für ihre Sorgen fanden: die Essensausgabe im Café Leibniz. Rund ein Jahr lang gab es in der Cafeteria der Leibniz Universität Hannover einen kostenlosen Mittagstisch für Geflüchtete aus der Ukraine und anderen Ländern, sowie ein angegliedertes Sprachcafé. Ein Projekt, das vom Evangelischen Flüchtlingsnetzwerk Hannover und verschiedenen KooperationspartnerInnen organisiert worden war. Täglich sorgten Zhanna, Olha, Irina und die anderen Porträtierten dafür, dass mehr als 150 Essen ausgegeben wurden und alle Abläufe reibungslos funktionierten. Reges Leben herrschte während der Mittagsstunden in den hellen großen Räumen des Cafés. Kinder im Vorschulalter, junge und ältere Menschen, Frauen und Männer standen in der Schlange vor dem Tresen, erhielten ihr Essenstablett und aßen dann gemeinsam an den Cafétischen. Manche still und in sich gekehrt, doch auch Lachen und vielstimmige, lebhafte Unterhaltung auf Ukrainisch waren zu hören.

Ein kleiner Tisch am Eingang des Cafés war das Ziel sehr vieler Gäste der Essensausgabe. Vor dem aufgeklappten Laptop saßen eine Dolmetscherin und ein Mitglied des Flüchtlingsnetzwerkes. Formularservice nannten sie ihr Angebot. Es bedeutete praktische Hilfe bei allen Fragen rund um Ämter- und Behördenangelegenheiten. Wer einen Antrag ausfüllen musste, einen Handy- oder Mietvertrag erklärt oder einen Termin bei einem Arzt vereinbart haben wollte, erhielt hier schnelle und konkrete Unterstützung. Doch an dem kleinen Tisch war auch Zeit, Lebens- und Fluchtgeschichten zu erzählen, vielleicht zum ersten Mal nach ruhelosen Wochen oder Monaten voller Angst und Stress. Für die Geflüchteten war es sehr wichtig, dass jemand „als Mensch da war und einfach nur zuhörte", sagt Dolmetscherin Daria. Mit ihrer ehrenamtlichen Arbeit konnten die Frauen ihren Dank ausdrücken: für die Aufnahme als Flüchtlinge in Deutschland, für Unterkunft und Unterstützung, für oft unerwartete Zuwendung und Menschlichkeit in ihrem Gastland.

Ehrenamtlich arbeiten hieß aber auch, etwas für ihr Land tun zu können, nicht den ganzen Tag nachdenken zu müssen, über den Krieg, die Angehörigen in der Ukraine, die Zukunft des Landes. Café Leibniz, das war für Alla, Olena, Lina und ihre Mitstreiterinnen ein Ort, um das Leben zu teilen, eine kleine ukrainische Welt. Dort war die so ferne Heimat plötzlich nah. Eingebunden war die Arbeit der Frauen, die hier aus Schutzgründen nur mit Vornamen erscheinen, in ein umfassendes Hilfenetzwerk. Dazu gehörten das Evangelische Flüchtlingsnetzwerk des Kirchenkreises Hannover, das Diakonische Werk Hannover, die ukrainische Initiative helpNETwork, der Ukrainische Verein in Niedersachsen und die Ukrainisch Griechisch-Katholische Kirchengemeinde St. Wolodymyr. An der Finanzierung der Essensausgabe beteiligten sich Sponsoren, darunter maßgeblich die Firma Dirk Rossmann GmbH.

Dank gebührt ihnen allen, besonders aber den Frauen, die sich für das vorliegende Buch interviewen und fotografieren ließen. Djákuju – danke, für eure Offenheit, euren Mut und euer Vertrauen.

Ankommen – Wertschätzen – Zuhören

Kriegsflüchtlinge aufzunehmen, Verfolgten beizustehen und Fremden Hilfe anzubieten, dafür engagieren sich der Kirchenkreis Hannover und das Diakonische Werk Hannover. Die Bibel ruft dazu auf mit den Worten: „Ich bin ein Fremder gewesen und ihr habt mich aufgenommen" (Matthäus 25,34).

Der Krieg in der Ukraine hat zu millionenfacher Vertreibung und Flucht geführt. Viele der Geflüchteten haben ihr Herz an zwei Orten. In Gesprächen wird immer wieder deutlich, wie zerrissen die Familien sind. Sie haben ihr Land verlassen, ihre Existenz aufgegeben und fangen hier in Deutschland wieder von vorne an. Das erforderte Kraft und Mut von den Geflüchteten, aber auch Zuspruch und Wertschätzung von den hauptamtlichen und ehrenamtlichen Begleiterinnen und Begleitern.

Die Begegnungsorte, die das Flüchtlingsnetzwerk des Kirchenkreises und die Diakonie geschaffen haben, wirken gegen die Isolation und geben Hoffnung trotz zweier Jahre Krieg. Doch wie geht es diesen Menschen, deren Neuanfang und Aufenthalt sich wesentlich schwieriger und länger darstellt als angenommen? Woher nehmen sie ihre Kraft, ihre Geduld und ihre Hoffnung?

Aus den Gesichtern der porträtierten Frauen sprechen Kraft und Traurigkeit zugleich. Unser Wunsch ist es, den Leserinnen und Lesern dieses Buches das Leben und die Fluchterfahrungen der Ukrainerinnen näherzubringen. Auch im Lesen können wir bei ihnen sein und an ihrer Geschichte teilhaben – mit Menschlichkeit, Wärme und Mitgefühl.

Rainer Müller-Brandes, Stadtsuperintendent

Friedhelm Feldkamp, Diakoniepastor

Insa Becker-Wook, Pressesprecherin Kirchenkreis Hannover

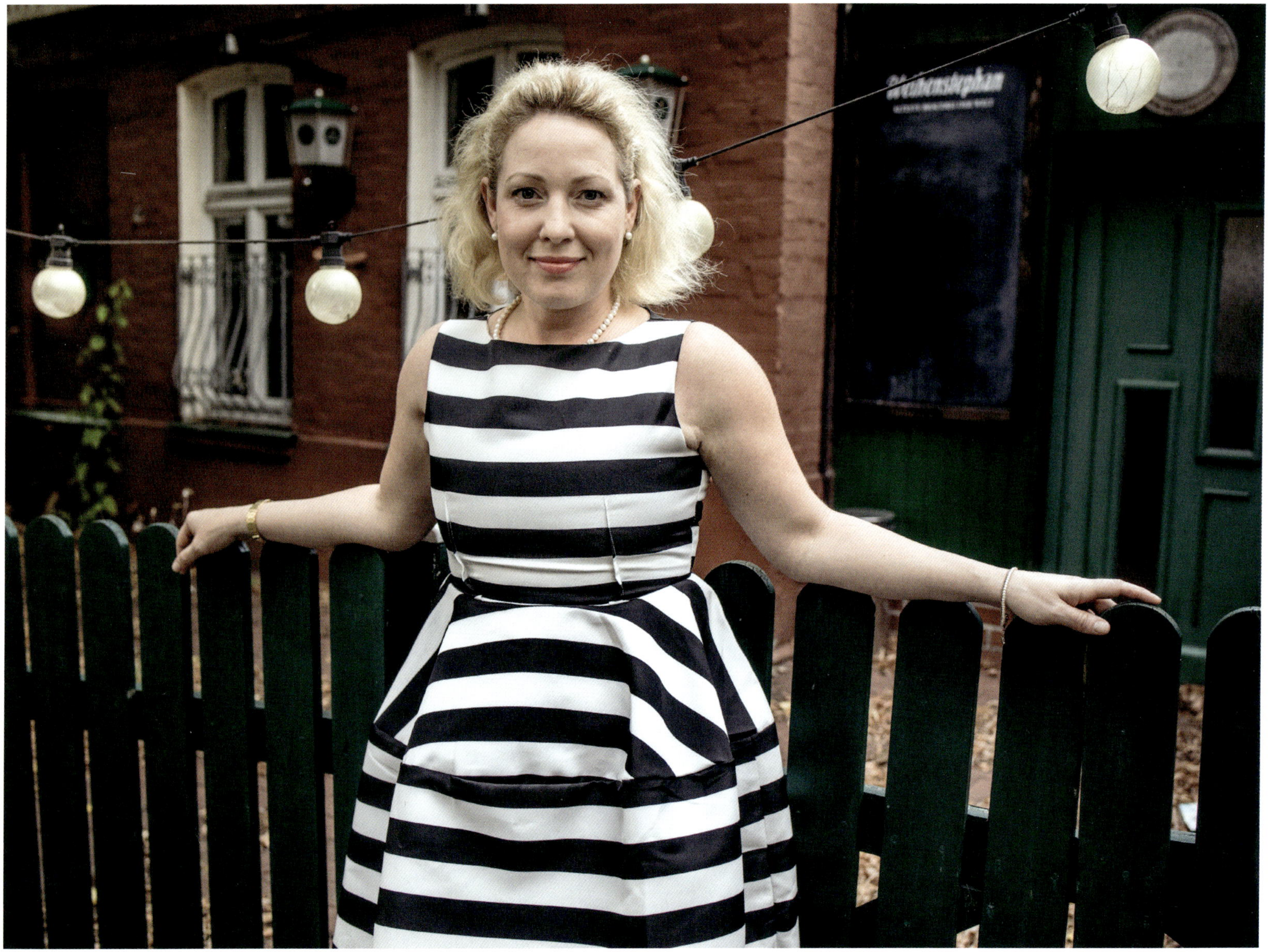
Weihenstephan

Von ihrem Arbeitsplatz als Sekretärin in einem Pflegedienst kann Lina den kleinen Biergarten mit dem grünen Zaun sehen. Oft kommt sie dort auf ihrem Weg zum Postkasten vorbei. Eine Arbeit zu haben, ist für Lina sehr wichtig. In Kiew war sie im Marketing einer pharmazeutischen Firma tätig gewesen, wollte kurz vor Kriegsbeginn gerade eine Stelle als Japanisch-Dolmetscherin antreten. So packte Lina außer den Familienfotos noch ihre Japanisch-Lehrbücher ein, als sie mit ihrer Mutter und ihrem Sohn flüchtete. Ziel war Hannover, wo Linas ehemalige Englischlehrerin und beste Freundin der Mutter lebt. In der Essensausgabe engagierte sie sich als Koordinatorin, registrierte die Gäste, half im Café und unterstützte die Gesamtorganisation. Linas Zukunft ist noch sehr ungewiss. Kraft gibt ihr ihre Lebensphilosophie, in der das Jetzt zählt. Ebenso ein Gebet, in dem sie Gott dankt und ausspricht, dass „alles gut ist, so wie es ist". Und nicht zuletzt der Blick auf die fast 200 Jahre alte Familien-Ikone, die, mit einem traditionellen Tuch geschmückt, in Linas Wohnzimmer hängt.

Alles ist gut so, wie es ist.

Lina

Weißt du, dass du ein Mensch bist?

Alona

Der kleine Garten, in dem Alona mit ihren Söhnen steht, ist ihr Lieblingsplatz. Ein Ort, der ihr Heimweh lindert. Er gehört zu der Grundschule, an der sie als interkulturelle Bildungsassistentin arbeitet. Dort ist die Englischlehrerin aus Winnizia ihrem Traum nah, wieder an einer Schule zu unterrichten. Er erinnert sie auch an die friedlichen Kindheitssommer bei ihren Großeltern auf dem Land. Deutsch war ein weiteres Fach für Alona an der Universität. So konnte sie im Sprachcafé der Essensausgabe ihren Landsleuten erste Kenntnisse vermitteln. Auch Englischunterricht gibt Alona ehrenamtlich, weiter hat sie sich als Integrationslotsin qualifiziert. Fahrrad-Ausflüge mit ihren Söhnen entspannen sie. Manchmal erkunden sie auch die Nachbarstädte Hannovers. In Gedanken oder live per Handy ist ihr Mann dabei, das hilft etwas, sich als Familie zu fühlen. Was auch hilft, sind Gedichtzeilen des ukrainischen Poeten Wassyl Simonenko: „Weißt du, dass du ein Mensch bist? Weißt du das oder nicht? Dein Lächeln ist einzigartig. Dein Schmerz ist einzigartig. Deine Augen sind einmalig".

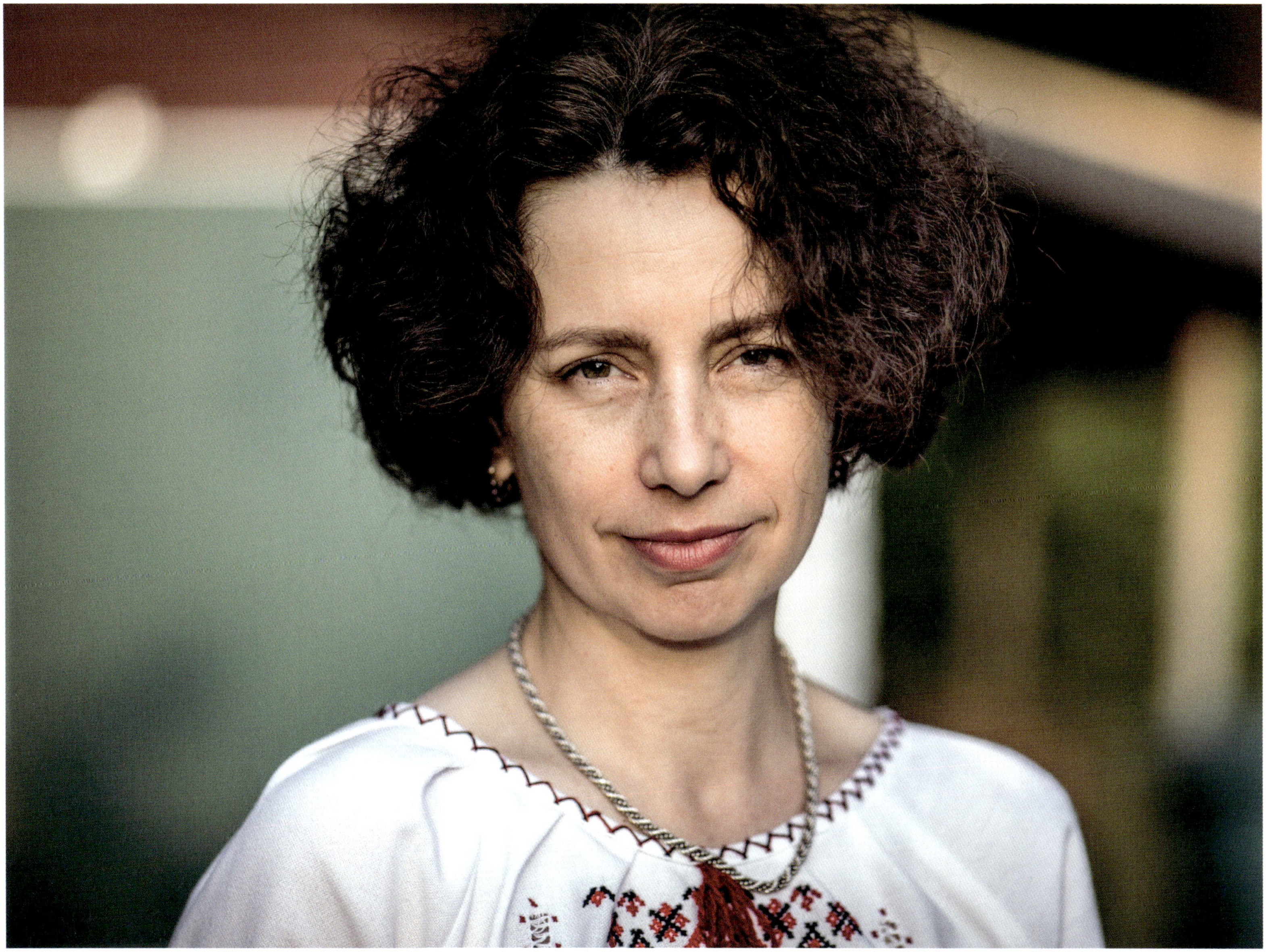

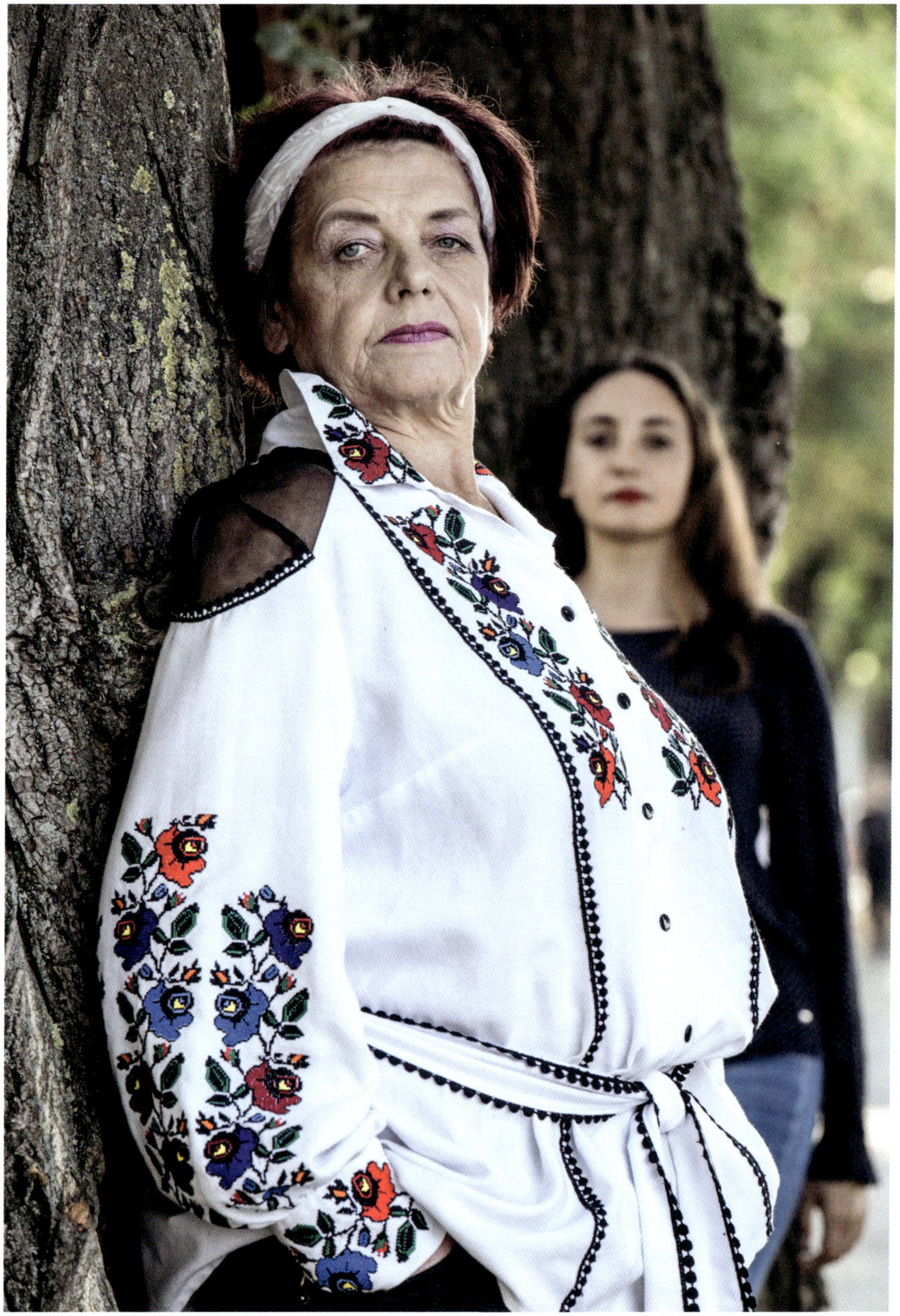

Wer in die Essensausgabe ins Café Leibniz kam, traf zuerst auf Alla. Sie registrierte die Gäste, erklärte und zeigte ihnen alles und nahm sie auch manchmal bei der Hand. Gab ein erstes Stück Zuhause. Aus ihrer Heimat, in der Region Charkiw, konnte sie bei der Flucht nur wenig mitnehmen. Doch die traditionelle Trachtenbluse war mit im kleinen Koffer. Und eine Ukraine-Fahne. Und der Wille, mit ehrenamtlicher Arbeit ihre Landsleute in der Fremde zu unterstützen. Ehrenamtlich war Alla schon in der Ukraine tätig gewesen, hatte für Katzen und Hunde ohne Zuhause gesorgt. Alla liebt ihr Land. Was ihr in Deutschland aufgefallen ist: die schöne Architektur vieler Gebäude, hilfsbereite Menschen. Anfangs die vielen Ukraine-Fahnen in Häuserfenstern und an Fassaden. Allas Tochter Sofiia lebt in Norwegen, nur manchmal sehen sich Mutter und Tochter. Vielleicht kann Alla, die als selbstständige Buchhalterin gearbeitet hat, mit einer Umschulung und dem Sprachkursus ihren Beruf auch hier ausüben. Wenn der Krieg dauert. Vielleicht und wenn, diese Worte begleiten Alla jetzt in ihrem Leben.

Ein erstes Stück Zuhause geben.
Alla

> Frische
> Blumen – ein
> Symbol des Lebens.
>
> **Viktoria**

Viktoria liebt die Blumen des Stadtparks in Hannover, sein Grün, seine natürliche Atmosphäre. Ihre Flucht aus Kiew führte sie, ihre Tochter und die Enkel in die Landeshauptstadt. Ihr Vater wohnt dort schon seit zwei Jahrzehnten. Überhaupt hat Hannover viel Grün, viel Natur für eine Großstadt. Und sehr hilfsbereite Menschen. Viktoria schätzt das, ist dankbar. Als „Symbol für das Leben" hat sie immer frische Blumen in ihrer Wohnung, am liebsten sind ihr Pfingstrosen und Iris. Wie auch Menschen natürlicher leben können, beschäftigt sie in ihrer Arbeit als Ernährungsberaterin. Nach Ingenieurs-Diplom und Tätigkeit als Buchhalterin ist das jetzt ihr Herzensjob. Als Koordinatorin im Sprachcafé entwickelte Viktoria einen Fragebogen für die Gäste, organisierte die Sprachkursus-Teilnahme. Und hielt Vorträge über gesunde Lebensführung. „Lernen, auf den Körper zu hören und seine Signale zu verstehen", das ist für sie der Schlüssel zu ganzheitlichem Wohlbefinden. Was die Zukunft bringt, ist unsicher. Doch einen Traum hat Viktoria: „Ich möchte am Meer leben, aber dort, wo es warm ist."

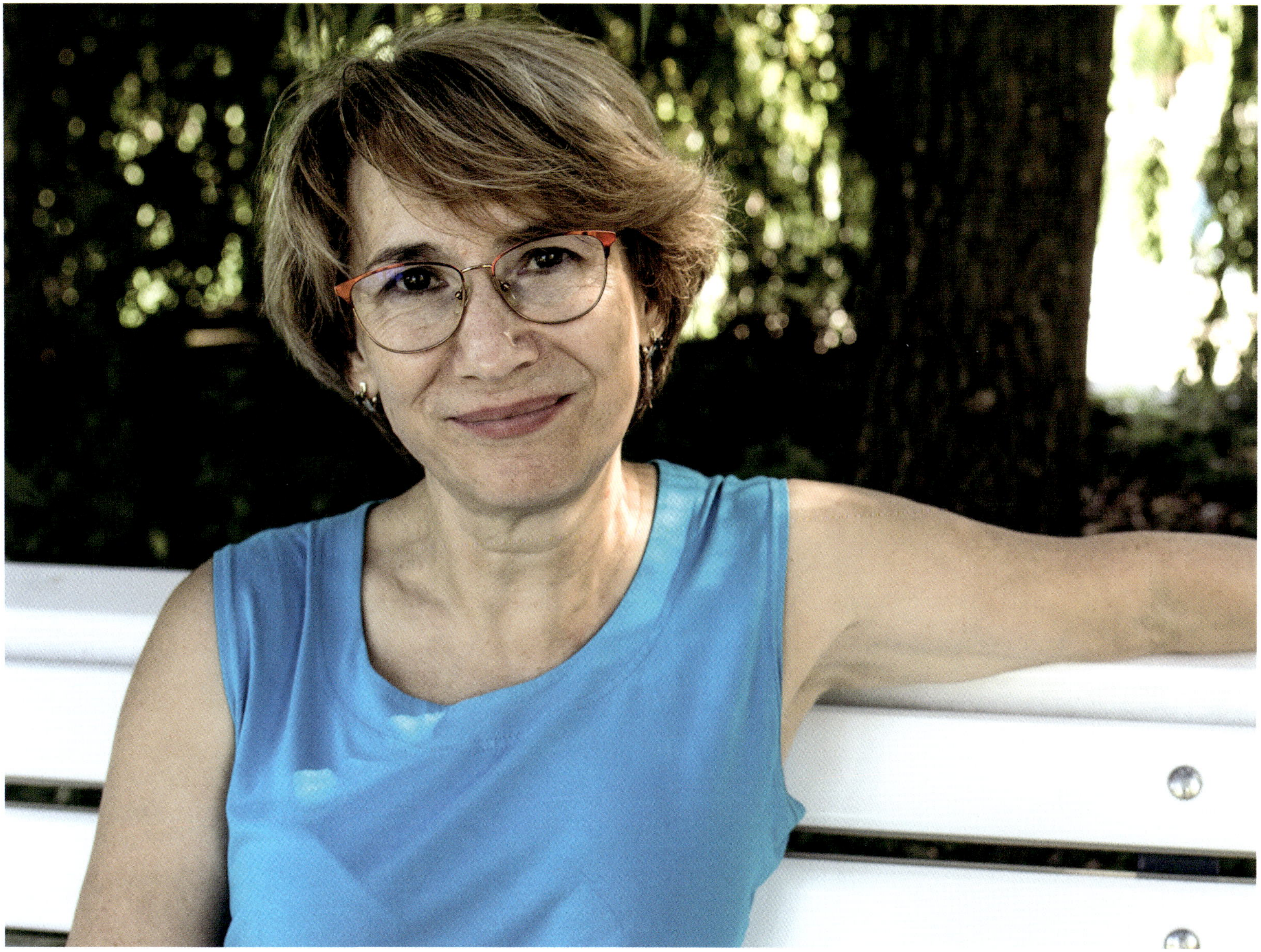

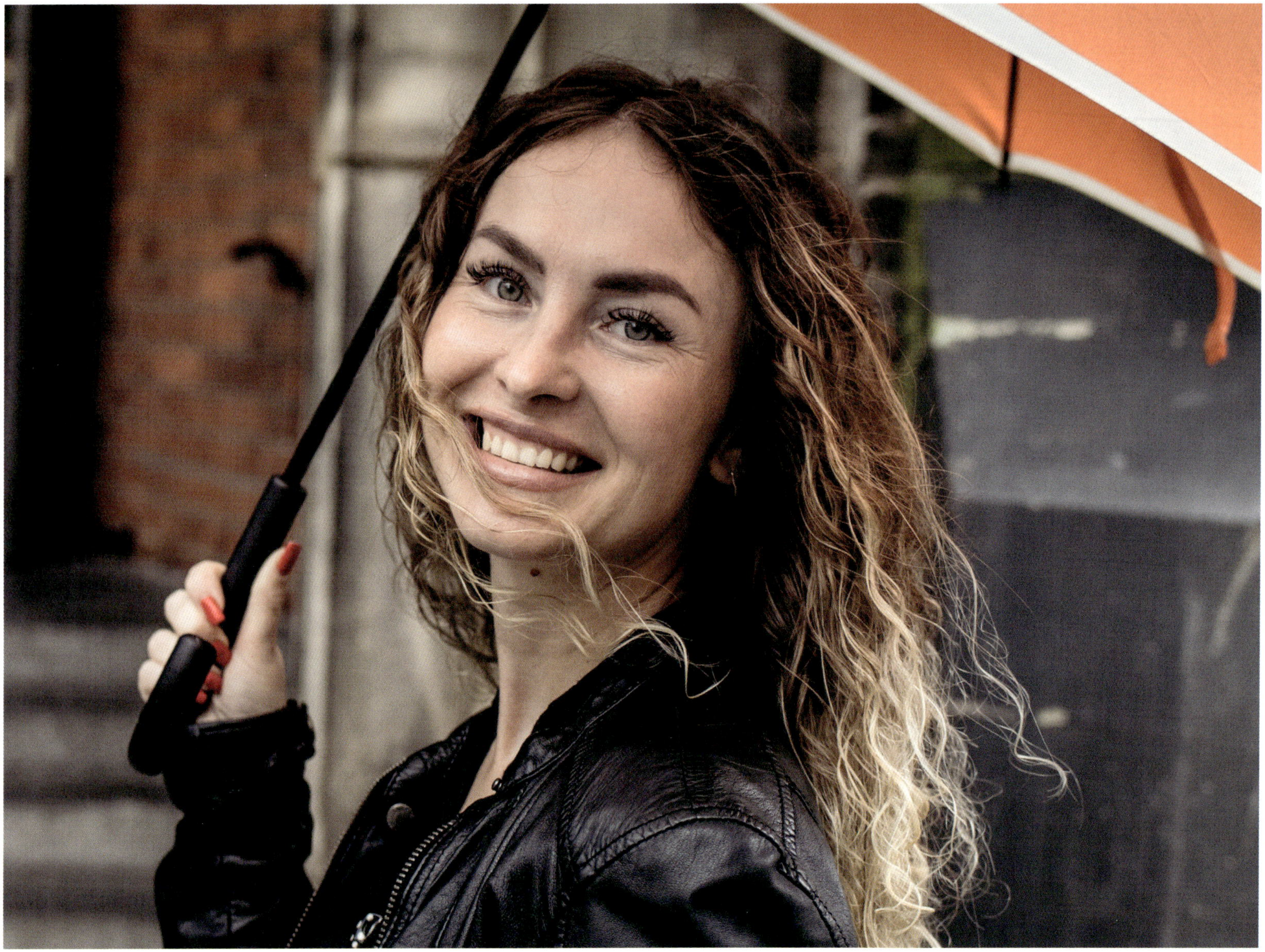

Daria hat Brücken gebaut. Von einer Sprache in die andere, zwischen Menschen, hinein in die fremde Welt. Mit ihren Behördenpapieren und Antragsformularen kamen die Gäste und Mitarbeitenden der Essensausgabe zu Daria und ihrem Team der Flüchtlingsinitiative. Sie dolmetschte auf Russisch, es blieb nicht bei den Fragen nach Daten und Fakten. Ganze Lebensgeschichten erfuhr Daria, fühlte mit, wusste aufgrund ihrer eigenen Migrationsgeschichte um das Fremdsein in einer neuen Kultur. Um die Notwendigkeit schneller, konkreter Hilfe für die Neuankömmlinge. Und wie wichtig es ist, dass jemand „als Mensch da ist, einfach nur zuhört". Daria löst gerne Probleme, darin ist sie stark geworden. Sie musste, denn ihr junger Sohn braucht zum Aufwachsen mehr Unterstützung als andere Kinder. Daria und ihr Mann haben kämpfen gelernt. Und so fasst Daria ihr Lebensmotto knapp zusammen: „Leben ist lernen". Leben, dazu gehört jetzt auch die Freundschaft, die sie mit den ehrenamtlichen Mitarbeiterinnen der Essensausgabe verbindet. Die von Herzen kommt, wie eine Brücke von Mensch zu Mensch.

Leben ist lernen.

Daria

Yanas Sohn spielt Hockey. Sein Club in Sumy hat eine Partnerschaft mit einem hannoverschen Hockey-Verein. Schnell organisierten dessen Mitglieder bei Kriegsbeginn Hilfe für ihre ukrainischen Partner. So endete die Flucht quer durch die Ukraine von Yana, ihrem Mann und dem Sohn in der Landeshauptstadt. Gastfreundschaft, Unterkunft und erste Unterstützung warteten auf sie, es war ein „warmes Willkommen". Aus der Heimat, in der noch ihr älterer Sohn blieb, nahm sie das Familien-Fotoalbum mit. Und den traditionellen Blüten-Haarkranz, jetzt sorgsam aufbewahrt in der Wohnzimmer-Vitrine. Yana empfindet große Dankbarkeit dafür, dass sie hier in Sicherheit ist. Das möchte sie durch ihr ehrenamtliches Engagement zeigen, erst in der Spendenhalle auf dem Messegelände, dann als Koordinatorin im Café Leibniz. Dort hat die Ingenieurin Schichtpläne für die Mitarbeitenden gemacht, die Abläufe der Essensausgabe im Blick behalten. Yana liebt die Schönheit, ist Optimistin. Ihr Lebensmotto lautet: „Alles, was passiert, ist zu unserem Besten." Ein Satz, der auch jetzt tragen kann.

> Alles, was passiert, ist zu unserem Besten.
>
> Yana

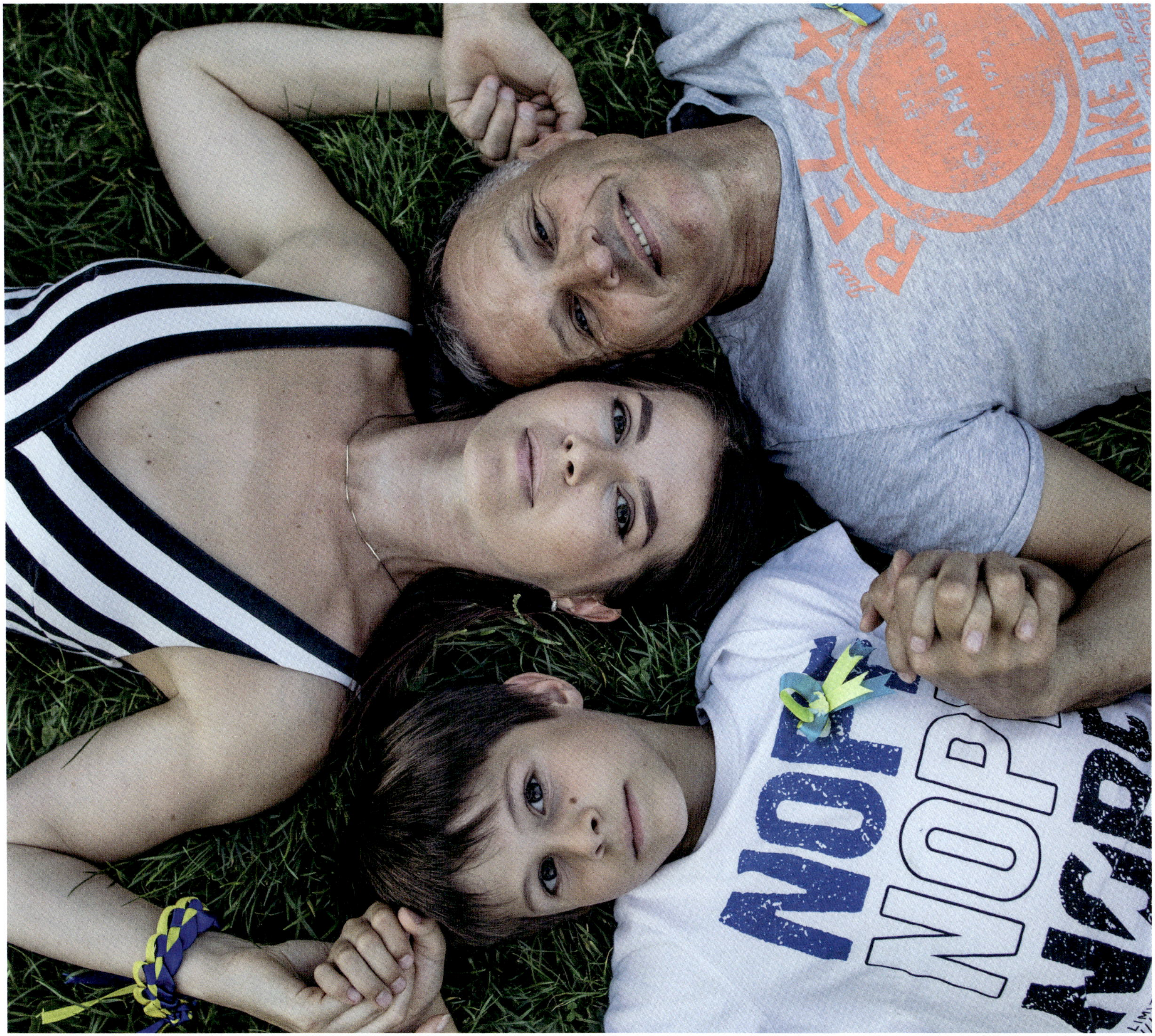

Ein Ort, um das Leben zu teilen.

Olha

Die Leine hatte Olha immer im Blick, wenn sie beim Sprachkursus aus dem Fenster geschaut hat. Ein tröstliches Bild der Ruhe, der Sicherheit, dieses gleichmäßige, beständige Fließen des Wassers. So wie zu Hause ihr Blick oft auf die schutzgebende Ikone fällt, die Olha noch einpacken konnte, als sie mit ihren beiden Kindern aus Odessa floh. Die Essensausgabe und das Sprachcafé: für Olha ein Ort, um das Leben zu teilen, „egal, ob es gute oder schlechte Nachrichten gab". Ein Ort, an dem die Lehrerin als ehrenamtliche Koordinatorin Verantwortung übernommen hat. Das hieß, benötigte Portionszahlen abschätzen, Nachschub aus der Küche organisieren, schnell auf Unerwartetes reagieren, manchmal auch die Gerichte mit mehr ukrainischem Geschmack anreichern. Auch Olhas Mutter Liliia, die später flüchtete, arbeitet ehrenamtlich, in einer Kleiderkammer. Die Zukunft für sich und ihre Kinder sieht Olha in Deutschland, denkt an eine Arbeit als Sekretärin. Mut gibt ihr eine für sie überraschende Erfahrung: „Gesetze und Regeln hier sind verlässlich, und man kann seine Ziele erreichen."

Es gibt immer einen Ausweg.
Larysa

Der Familienkater Indi bestimmte das Ziel Hannover, als Larysa und ihre Familie ein Ticket von Lwiw in die niedersächsische Landeshauptstadt lösten. Er kam mit, als die Familie aus Kiew floh, und er sollte nicht allzu lange im Bus ausharren müssen. Ein paar Kinderfotos der Töchter und die Trachtenbluse fanden noch Platz im Gepäck. So wie die Erinnerung an ihre Arbeit als Zahnärztin in einer Praxis und in einer Klinik, die Larysa geliebt hat. Und noch liebt. „Wenn ich mich beruhigen will, lese ich medizinische Bücher", sagt sie. Denn Larysa will fachlich auf dem Laufenden bleiben. Ihr Wissen hat sie auch im Sprachcafé weitergegeben, in dem sie als Koordinatorin gearbeitet hat. Dort hat Larysa Vorträge über Zahnprophylaxe oder die Unterschiede des ukrainischen und des deutschen Gesundheitssystems gehalten. Zurzeit arbeitet sie in einer Zahnarztpraxis in Hannover und muss mit der Ungewissheit leben, ob ihre Zukunft in der Ukraine oder in Deutschland liegt. Ein wenig Gewissheit gibt Larysa ihr Lebensmotto: „Niemals aufgeben, es gibt aus jeder Situation immer einen Ausweg."

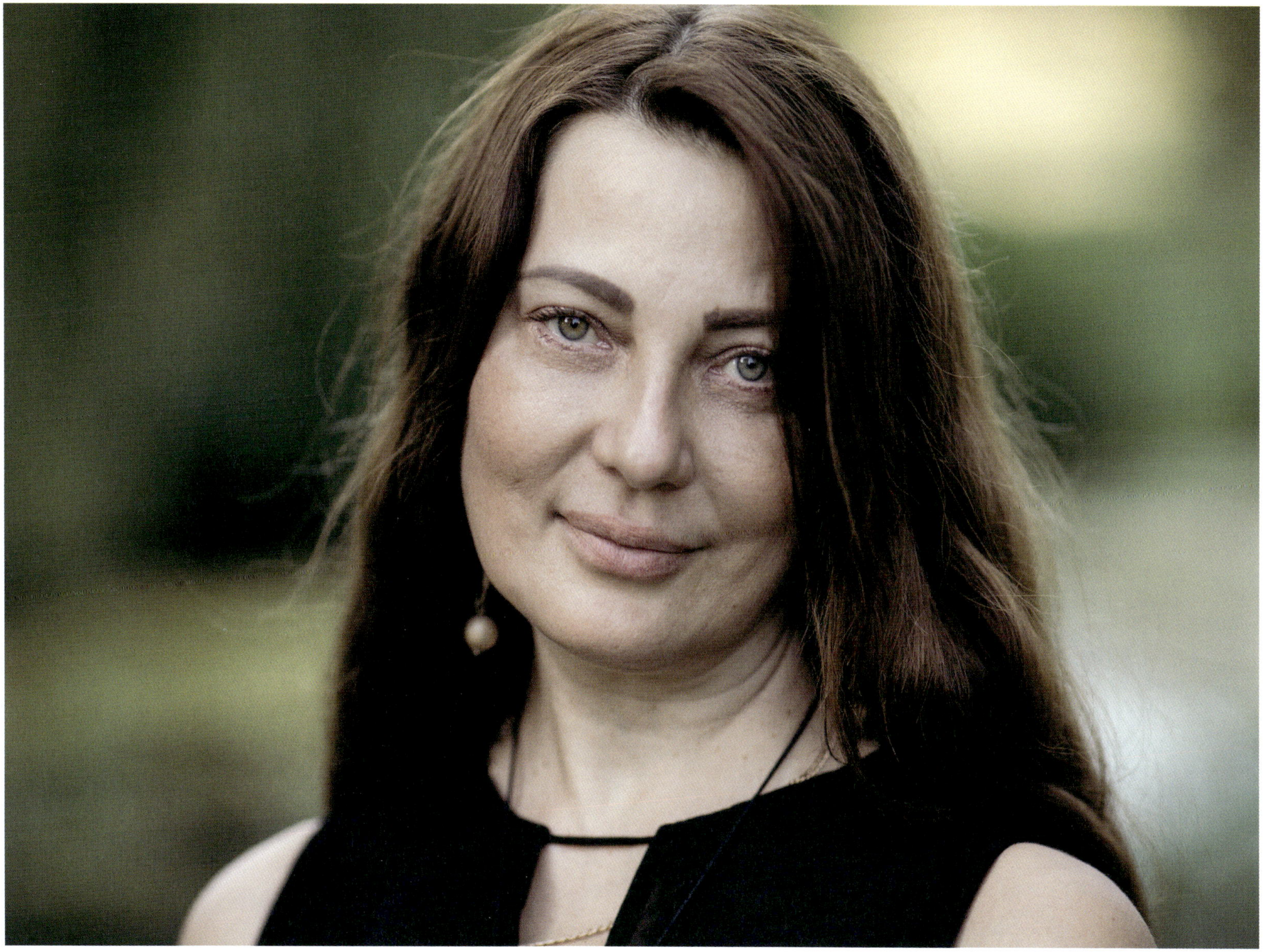

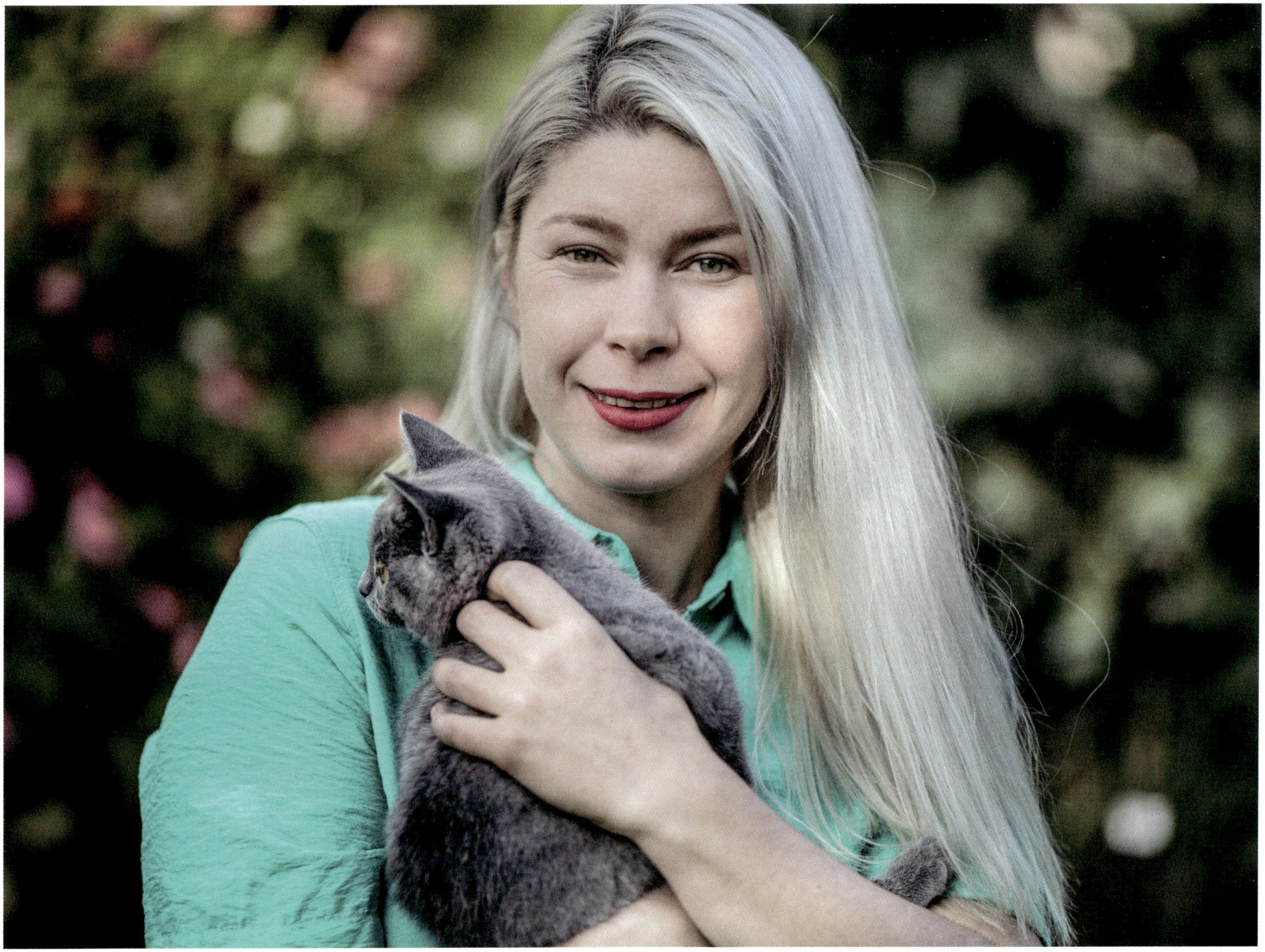

Auf der anderen Seite der Angst ist das Leben.
Olena

Mit Kitty hat sich ein Traum für Olena erfüllt. In einem Haus wohnen wie jetzt mit ihrem Partner, eine Katze wie Kitty haben, das hat sie sich immer gewünscht. Wenn ihr Deutsch noch besser wird, kann sie vielleicht nach einer Ausbildung im gärtnerischen Bereich arbeiten. Olena interessiert sich für das Wachstum von Pflanzen, liebt ihre Rosenstöcke im Garten, den Wald hinter ihrem Haus. Sie hat Wirtschaft studiert, war als Buchhalterin in einer großen Firma tätig. Doch der Umgang mit Zahlen genügt ihr nicht. Olena braucht Kontakt zu Menschen, deswegen hat sie in Kiew sogar noch abends in einem Supermarkt gearbeitet. Mit ihrer Freundin Yevheniia kam sie auf ihrer Flucht nach Hannover, beide engagierten sich in der Essensausgabe im Café Leibniz. Olena hat sich dort um neue Mitarbeitende gekümmert, für die Kommunikation mit der Küche gesorgt. Halt und Kraft geben ihr die häufigen Telefonate mit ihren Eltern und ihrer großen Verwandtschaft. Die Aufforderung, mutig zu sein, zeigt sich auch in ihrem Motto: „Das Leben, das du möchtest, findest du auf der anderen Seite der Angst".

Die kräftigen Baumwurzeln, vor denen Irina mit ihren Söhnen im Tiergarten steht, haben Symbolcharakter für sie. „Gegenüber der Natur ist der Mensch klein", sagt Irina. „Wir brauchen etwas, was uns auf der Erde Halt gibt." Ersten Halt hat sie nach ihrer Flucht aus Dnipro in Hannover gefunden, wo ihre Schwiegereltern schon seit 30 Jahren leben. Dann auch in der Essensausgabe im Café Leibniz. Vom ersten bis zum letzten Tag hat Irina in dem Projekt gearbeitet. Anderen Menschen zu helfen, das liegt ihr. Rund 100 Essen verteilte sie täglich an die Gäste. Irina hat Kraft. Auch wenn die Krankenschwester an ihre Zukunft denkt. Sie will auf der Intensivstation eines hannoverschen Pflegeheimes arbeiten. Ihren Beruf liebt sie und er fehlt ihr sehr. „Pass auf dich auf" steht auf dem kleinen bunten Hahn in ihrer Wohnzimmer-Vitrine, den Irinas Mann ihr als Talisman aus der Ukraine geschickt hat. Halt geben der Optimistin auch Zeilen aus einem Gedicht, das ihr Leben begleitet: „Jeden Tag strahlt das Licht, bis zum letzten Tag. So ist die Sonne, sie kennt keine Hindernisse."

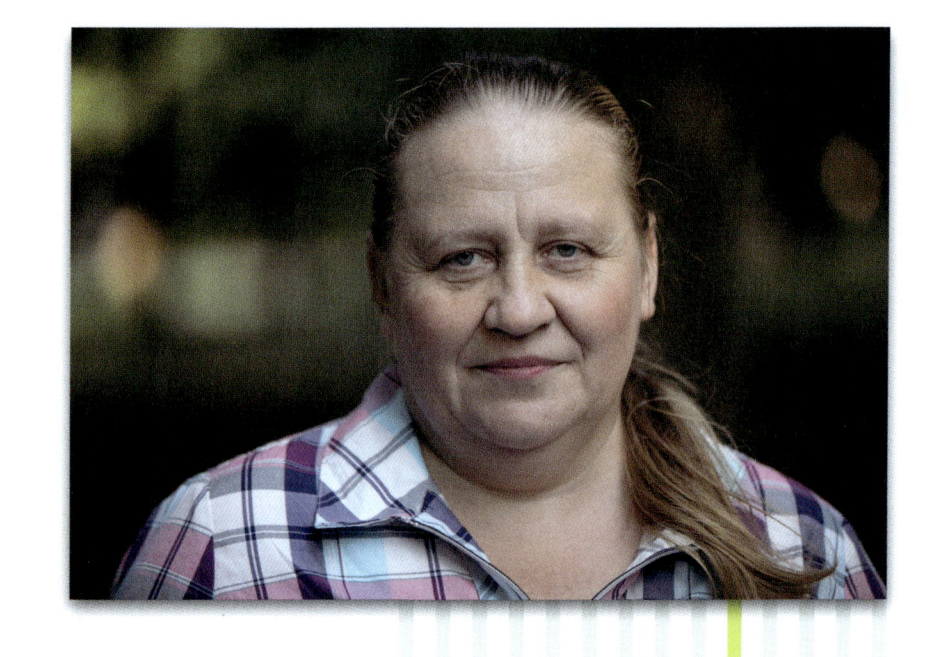

> Wir brauchen etwas, was uns Halt gibt.
>
> Irina

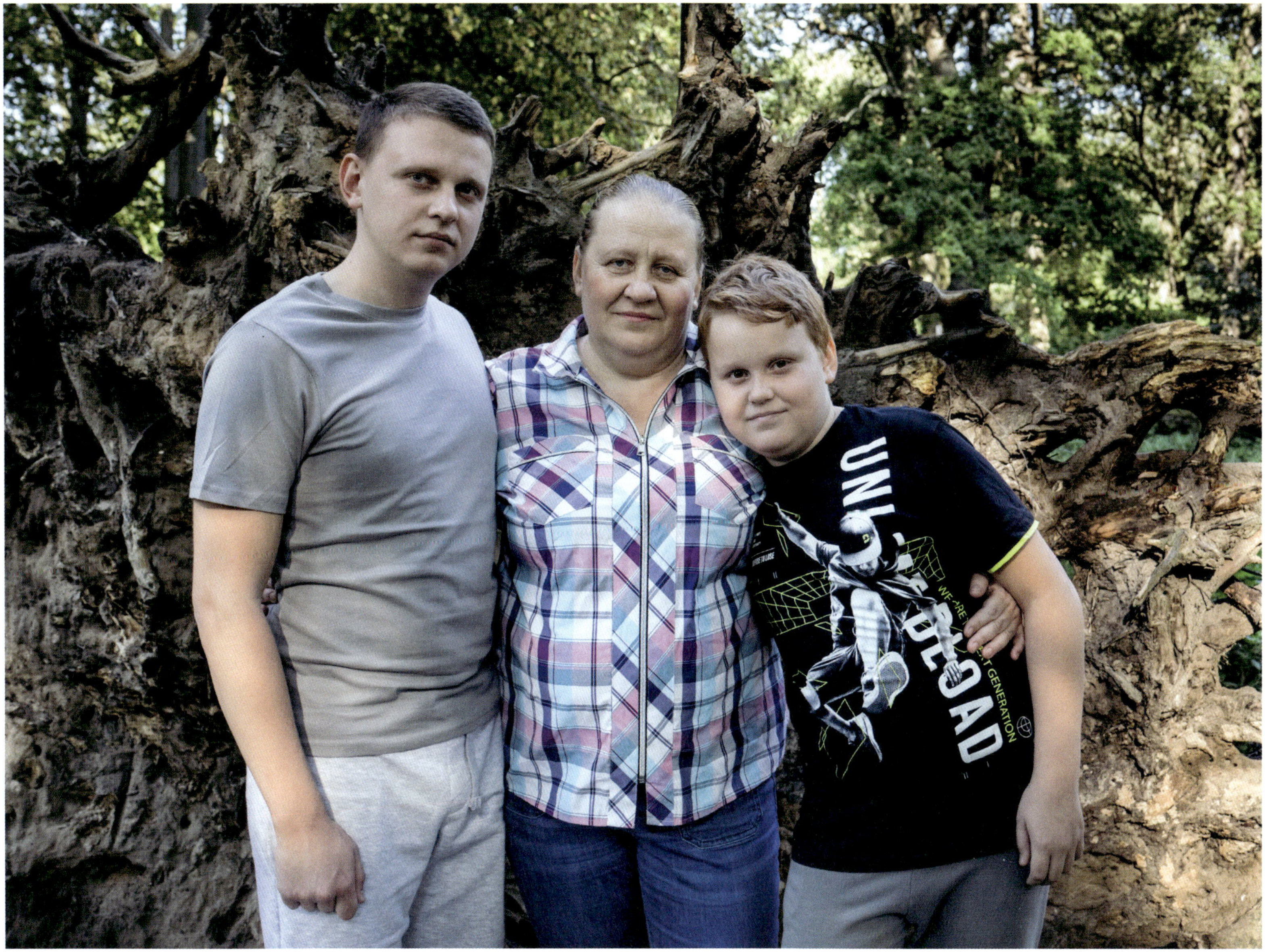

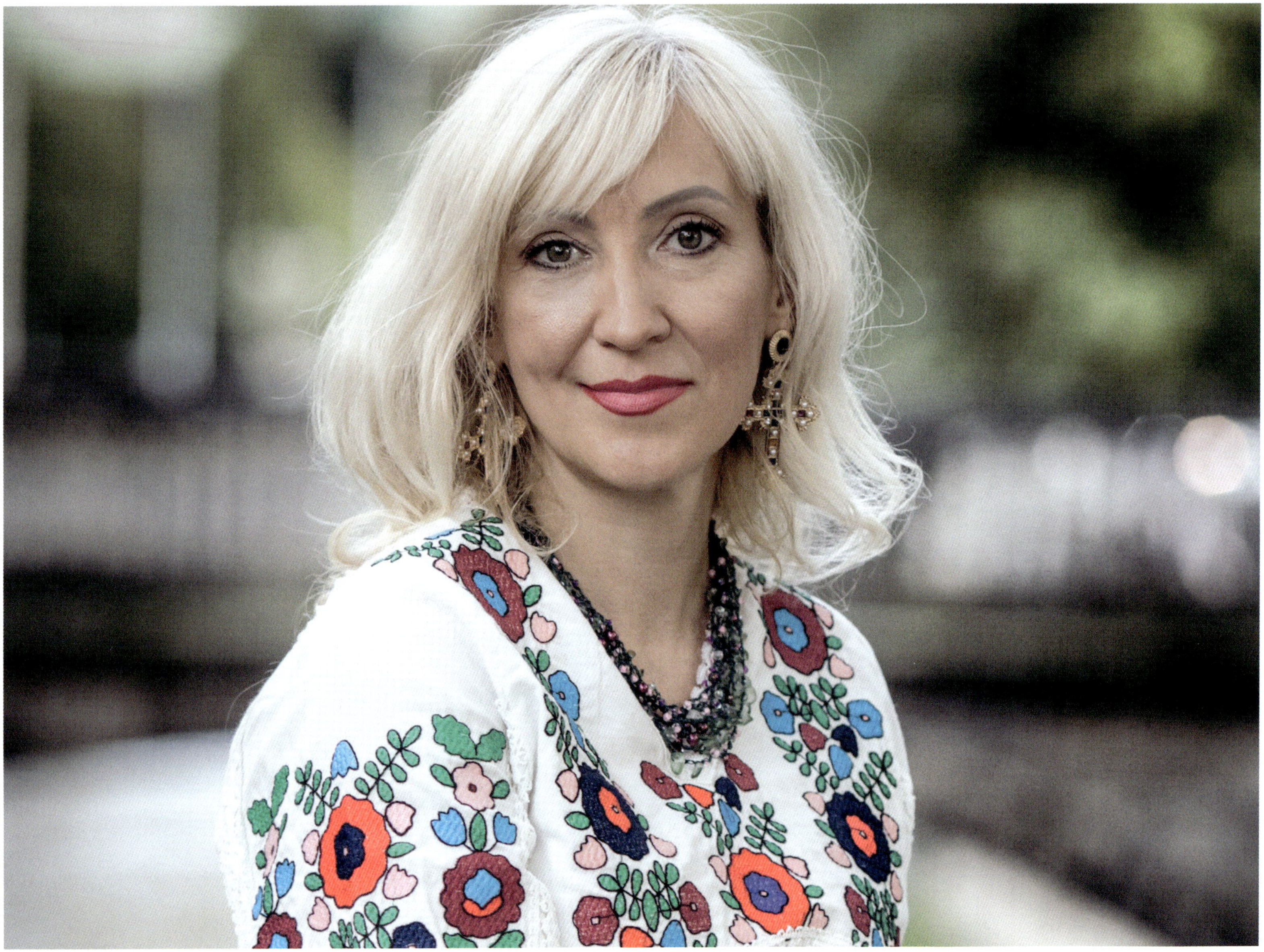

Durch Mühsal zu den Sternen.
Marianna

Die Löwen vor dem hannoverschen Rathaus haben es Marianna angetan. Sie erinnern sie an ihre Heimat Lwiw, die Stadt der Löwen. Löwenkraft habe Marianna auch selbst, sagen manche. Die brauchte sie auch in den ersten Jahren in Deutschland. Alles war fremd, vieles musste sie in den vergangenen fünf Jahren allein bewältigen. Neu ankommenden Flüchtlingen ihre Erfahrungen vermitteln, sie unterstützen, sie nicht allein lassen, das wurde zur Triebfeder ihres ehrenamtlichen Engagements. Marianna kann zupacken. So entwickelte die studierte Psychologin den Formularservice bei der Essensausgabe für die Geflüchteten aus der Ukraine. Verantwortung übernehmen, motivieren, organisieren, das kennt und liebt Marianna. Schließlich war sie in der Ukraine in der Versicherungsbranche leitend tätig, führte Verkaufstrainings durch und beriet einen großen Kundenkreis. Mit Menschen arbeiten und sich verantwortlich engagieren wird auch zu ihrer beruflichen Perspektive in Deutschland gehören. Zu großem Einsatz ist Marianna bereit, ihr Lebensmotto lautet: „Per aspera ad astra" (Durch Mühsal zu den Sternen).

Den Leibniztempel im Georgengarten hat sich Yevheniia für das Foto mit ihrem Sohn und ihrem Freund ausgesucht. Von Leibniz, dem genialen Philosophen, Erfinder und Mathematiker fühlte sie sich umgeben. Die Universität trägt seinen Namen, die Essensausgabe geschah im Café Leibniz, und die gleichnamigen Kekse schmecken ausgesprochen gut. Als Koordinatorin und Unterstützerin engagierte sie sich bei dem Projekt. So wollte Yevheniia ihre Dankbarkeit zeigen. Für die unvergessliche Hilfe, die sie bekommen hat am Ende ihrer langen Flucht aus Kiew über Lwiw und Berlin. Ein Ehepaar aus Hannover beherbergte in seinem Haus mehrere ukrainische Flüchtlinge, half bei Behördengängen, lud zu gemeinsamen Abenden ein. Für Yevheniia war es „wie eine große Familie." Der Kontakt blieb, auch als sie eine Wohnung fand, ihren Sohn zu sich holte. Jetzt lernt die Ukrainisch-Lehrerin Deutsch, vielleicht kann sie sich hier als Grundschullehrerin qualifizieren. Eine Tür schließt sich, eine andere öffnet sich, weiß Yevheniia, die nach der Devise lebt: „Mensch bleiben und den Humor nicht vergessen".

> Eine Tür schließt sich, eine andere öffnet sich.
>
> **Yevheniia**

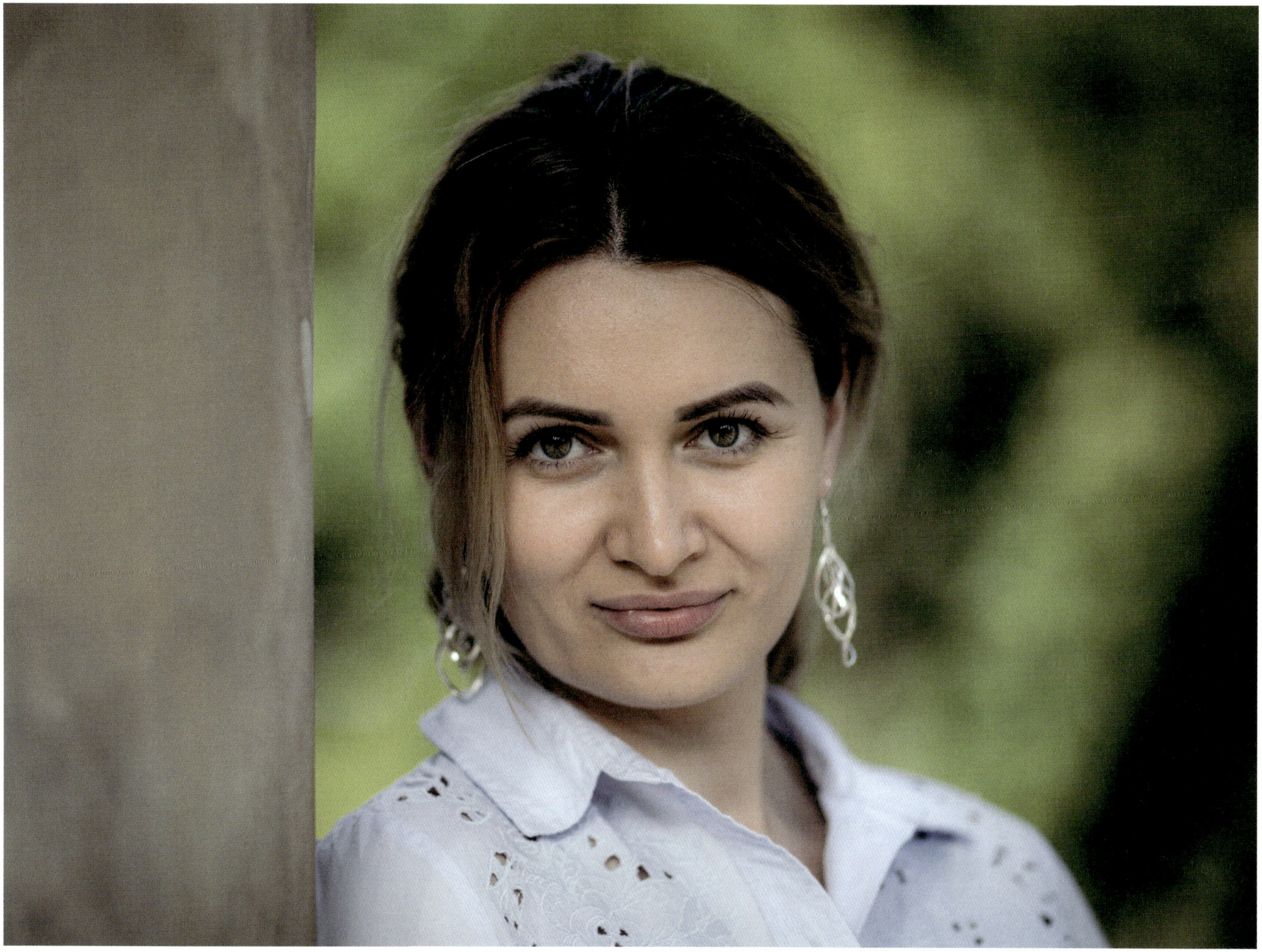

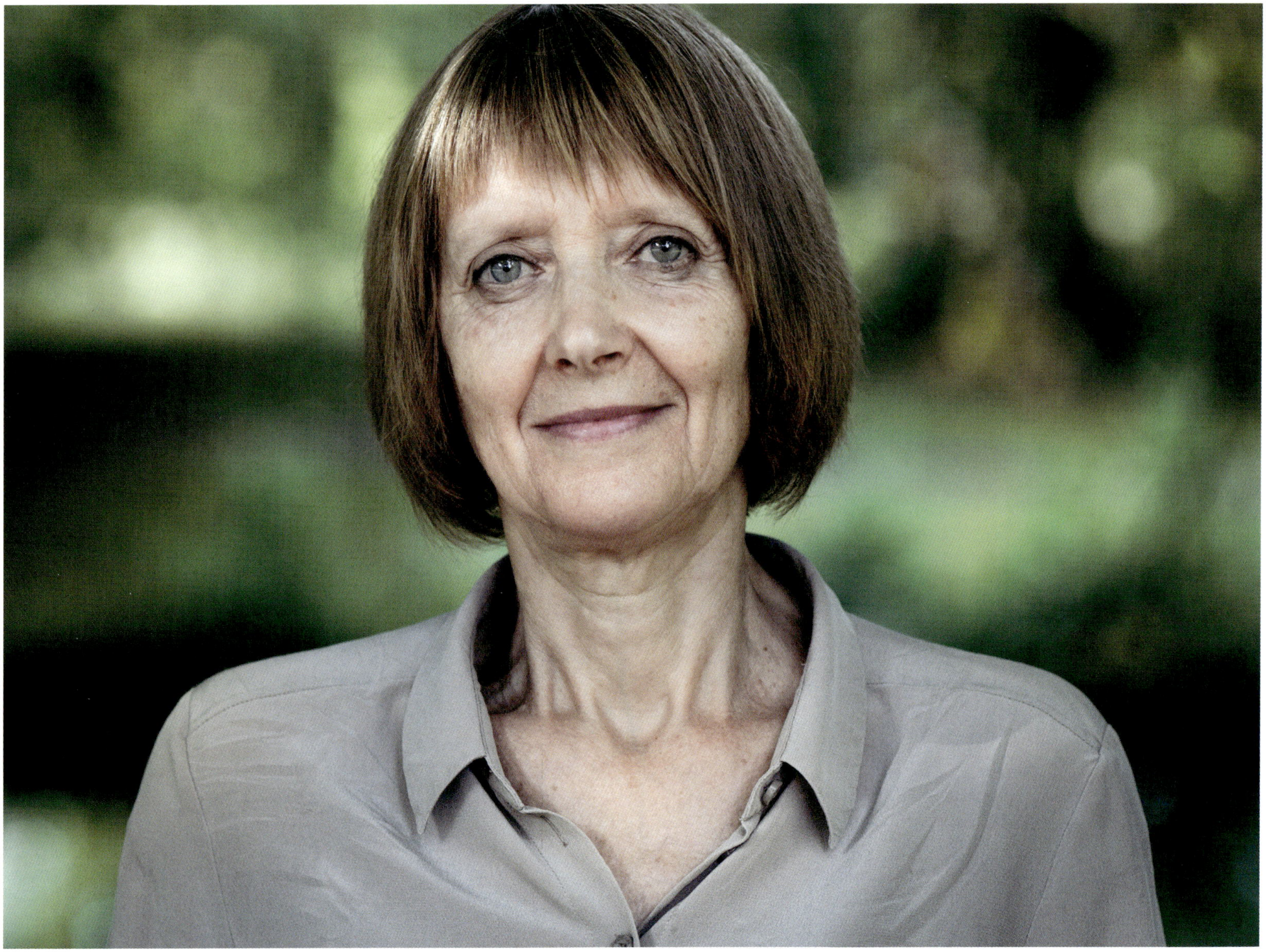

Mit ihrer Enkelin ist Nadiia oft auf einem Spielplatz in den Herrenhäuser Gärten. Da kann sie in der Natur sein, natürlich nicht so wie in ihrem großen Hausgarten in der Süd-Ukraine mit seinen Obstbäumen und Gemüsepflanzen, den umgebenden Sonnenblumen- und Melonenfeldern. Dort hat sie lange gelebt, bevor sie nach Kiew zog. Und bevor sie fliehen musste, mit ihrer Tochter und dem Kind. Als Erstes fielen ihr in Hannover die vielen Menschen mit Fahrrädern auf. Jetzt hat sie zu ihrer großen Freude selbst eins. Damit radelte sie mehrere Male in der Woche zur Essensausgabe, registrierte die Gäste oder teilte das Essen mit aus. Für Nadiia war das Café Leibniz eine „kleine ukrainische Welt". An ihre Heimat erinnert die Bauingenieurin und Buchhalterin auch ein Sonnenblumenkranz aus der Ukraine in den Landesfarben gelb und blau, der gleiche, den auch ihre Zwillingsschwester hat. Viel hat Nadiia schon in ihrem Leben gemeistert, mit Disziplin, Pflichtgefühl, auch mit Bescheidenheit. Und dem tragfähigen Leitsatz: „Behandele Menschen so, wie du behandelt werden möchtest".

> Behandele Menschen so, wie du behandelt werden möchtest.
>
> **Nadiia**

Es gibt Licht am Ende des Tunnels.

Zhanna

Den Stadtpark am Kongresszentrum mag Zhanna sehr gerne. Die Bäume und Pflanzen, die Wasseranlagen, die Farben der wechselnden Jahreszeiten. Dort ist sie schon mit ihrer Mutter spazieren gegangen, die seit längerem in Hannover lebt. Kurz vor Beginn des Krieges war Zhanna wieder zu Besuch in der Landeshauptstadt. Nun ging es nicht mehr nach Hause zurück, nach Kiew. Dort, wo „mein ganzes Leben ist". Ihre Wohnung, vertraute Menschen, ihre geliebte kleine Datscha im Grünen. Als die ersten Flüchtlinge nach Hannover kamen, hat sich Zhanna ehrenamtlich engagiert. Auf dem Messegelände, am Bahnhof und später bei der Essensausgabe im Café Leibniz. So konnte sie helfen, bekam Kontakt zu ihren Landsleuten. Jetzt steht das Deutschlernen obenan. Denn Zhanna will kommunizieren können, neue Menschen kennenlernen. Vielleicht wird auch ihr Diplom als Buchhalterin in Deutschland anerkannt, und sie kann wieder in ihrem Beruf arbeiten. Jeder Tag hier bringt etwas Unvorhergesehenes. Doch Zhannas feste Überzeugung ist: „Es gibt Licht am Ende des Tunnels, und das bedeutet Hoffnung".

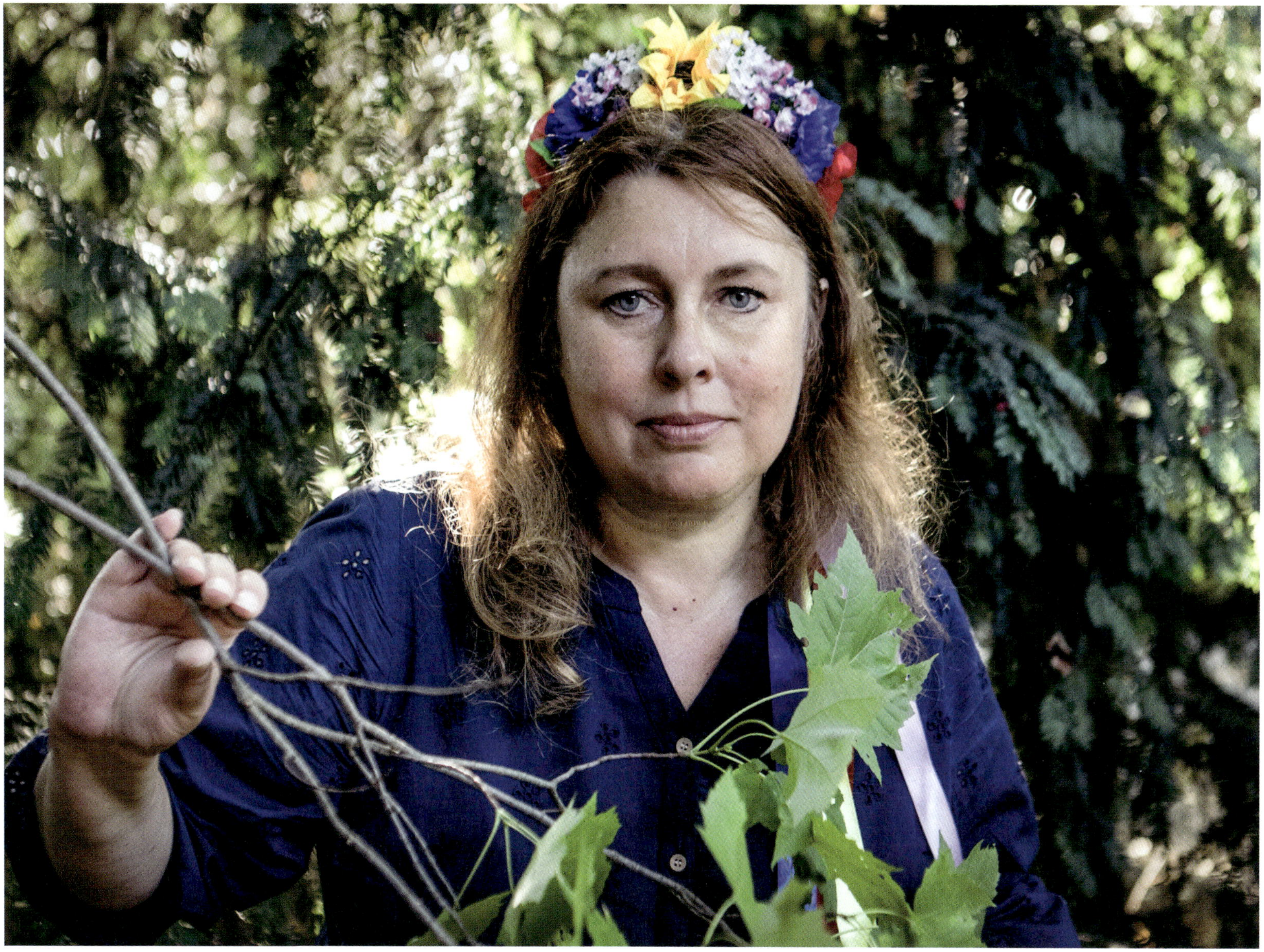

Mit Entschlossenheit und Würde

Starke Frauen habe ich kennengelernt, sehr starke Frauen. Mit berührender Offenheit, manchmal tiefem Ernst, haben sie in den Interviews für dieses Buch meine Fragen beantwortet, Marianna als einfühlsame, kreative Dolmetscherin zwischen uns. Nicht nur einmal rollten die Tränen und nicht nur bei meinen Gesprächspartnerinnen. Wenn es um die Heimat ging, die ferne, die Zukunft, die ungewisse, die Männer und Söhne, die fehlenden. Doch wir haben auch gelacht und waren gemeinsam auf der Suche: nach Worten und Bildern, die schwer Sagbares sagen konnten. Angesichts der unermüdlichen Beharrlichkeit nahezu aller Frauen, Deutsch zu lernen, habe ich mich wenigstens mit „Do pobátschennja" (Auf Wiedersehen) und „Djákuju" (Danke) revanchiert. Oft wieder ein Grund zum Lachen. So wie mich meine Interviewpartnerinnen mit ihren Worten erreicht haben, hoffe ich, dass sie auch die Leserinnen und Leser dieses Buches zu berühren vermögen.

Sabine Dörfel

Ausgangspunkt unserer Arbeit ist immer die Begegnung mit dem Menschen. Wir verbringen ein paar Stunden miteinander, gehen zur Motivsuche spazieren, kommen beim Fotografieren ins Reden und bauen trotz aller Sprachbarrieren so eine persönliche Beziehung auf. Die Begegnungen mit den Ukrainerinnen und ihren Familienangehörigen haben uns nachhaltig beeindruckt. Es sind Frauen, die eine große Entschlossenheit und Würde ausstrahlen und uns mit einer unglaublichen Warmherzigkeit begegnet sind. Trotz ihrer tiefen persönlichen Traurigkeit und Sorge, ihrem Verdammtsein zum Warten, der Unsicherheit, wann und ob sie überhaupt wieder ihr Leben leben dürfen, aus dem sie durch den russischen Angriffskrieg gerissen wurden. Jede mit einer anderen Geschichte und einem anderen Umgang mit der Situation, aber alle mit dem Anspruch, selbst mit dem Fototermin etwas zur Verteidigung ihrer Heimat beizutragen.

Andreas Schlager, Susana Fernandes Genebra Schlager

„Danke, dass ihr uns einen Ort zum Beten gebt."

Als 2015 unerwartet viele Flüchtlinge nach Deutschland und damit auch nach Hannover kamen, reagierte der Kirchenkreis Hannover mit der Gründung eines Flüchtlingsnetzwerkes. Schnelle erste Hilfe für die Neuankömmlinge, die zumeist vor dem Krieg in Syrien geflohen waren, war das Ziel. In den knapp zehn Jahren seines Bestehens hat das Netzwerk wie ein Seismograph auf die aktuelle Situation Geflüchteter, auf ihre Nöte und Bedürfnisse reagiert. „Anfangs brauchen Geflüchtete Unterkunft und Versorgung mit Nahrung und Kleidung", sagt Insa Becker-Wook, Mitbegründerin des Netzwerkes. „Dann brauchen sie Orientierung im Alltag, Beratung, Sprachkurse und Arbeit." Oft gebe es noch eine dritte Phase. „Wenn der Körper in Sicherheit ist, meldet sich die Seele", hat Pastor Jobst Reller beobachtet. „Traumatische Erlebnisse aus dem Krieg oder von der Flucht brechen auf, die verarbeitet werden müssen." Dann seien Menschen nötig, die zuhören, seelsorgerliche oder beraterische Hilfe leisten könnten, weiß Diakonin Margarethe von Kleist-Retzow.

vlnr.: Markus Lesinski, Margarethe von Kleist-Retzow und Jobst Reller vom Flüchtlingsnetzwerk.

Waren es in den Anfangsjahren des Netzwerkes vor allem Flüchtlinge aus Syrien, Afghanistan oder dem Irak, kamen 2022 überwiegend Ukrainerinnen und Ukrainer, die in Deutschland Schutz suchten. Fast ein Jahrzehnt kontinuierlich Hilfe zu leisten und immer wieder aktuell auf neue Situationen zu reagieren, das erfordert einen langen Atem, Flexibilität und Beharrlichkeit. Hatte es mit einer Handvoll Initiatorinnen und Initiatoren aus Kirche und Diakonie

vlnr.: Johannes Meyer, Insa Becker-Wook und Daria Kindt vom Flüchtlingsnetzwerk.

angefangen, so zählte das Netzwerk zuweilen mehrere Hundert Menschen. Ehrenamtliche, die Sprachkurse durchführten, Flüchtlinge auf Ämter begleiteten, Hunderte von Essen täglich ausgaben, Kinder betreuten oder Fahrdienste übernahmen. „Für meine mobile Fahrradwerkstatt fand ich versierte ehrenamtliche Hobbyschrauber, auch Geflüchtete beteiligten sich daran", sagt Diakon Johannes Meyer. „Wir haben geschenkte Fahrräder aufgearbeitet und waren damit vor den Flüchtlingsunterkünften präsent."

Seelsorgerliche Angebote organisierte das Flüchtlingsnetzwerk sowohl in der Erstaufnahmestelle für Flüchtlinge als auch in den Unterkünften. In den Messehallen Hannovers, wo in Spitzenzeiten täglich Tausende von Flüchtlingen ankamen, signalisierte ein kleiner Stand mit einer weithin sichtbaren „Beachflag" einen Seelsorge-Anlaufpunkt. Haupt- und Ehrenamtliche kümmerten sich dort um die Nöte Geflüchteter. Doch auch Mitarbeitende der Erstaufnahmestelle kamen vorbei und nutzten die Möglichkeit zu entlastenden Gesprächen.

Bei dem Projekt Essensausgabe im Café Leibniz zeigte sich besonders deutlich, dass ein Netzwerk auch ein „Nestwerk" sein kann und oft auch sein muss. Pastor Reller schätzt, dass „wir dort rund 600 Menschen wöchentlich erreicht haben." Das Café Leibniz habe kostenlose Essen ausgegeben, doch es sei auch Treffpunkt und Begegnungsstätte vor allem für die ukrainischen Geflüchteten geworden. „Dieser Ort war für viele ihr Anker in einer neuen, unübersichtlichen Welt, ein kleines Stück Heimat in der Fremde", betont Diakonin von Kleist-Retzow. „Und sie hatten die Gewissheit, Unterstützung bei Problemen oder Notlagen zu bekommen. Hier halfen Landsleute, aber auch Beratende des Formularservices, die dort vor Ort saßen."

Die Projekte des Flüchtlingsnetzwerkes zielten auf die konkreten Bedürfnisse von Flüchtlingen wie Essensversorgung, Sprachkurse oder Hilfe bei Behördenangelegenheiten. Doch mit diesen Angeboten vermittelten sie mehr als konkrete Hilfe. „In ihrer entwurzelten Lebenssituation, ihrer Heimatlosigkeit, ihrem Dasein in der Fremde brauchen geflüchtete Menschen Zufluchts- und Vertrauensorte", weiß Reller. „Zuwendung, Kontakt, Interesse und Mitgefühl sind wichtig", sagt Meyer. Das Erlebnis, „dass jemand als Mensch da ist", nennt es von Kleist-Retzow. Diese Qualität einer Begegnung mit Geflüchteten lasse sich nicht planen, sie passiere einfach, hat Meyer erfahren. Wenn Menschen mit Herz bei der Sache seien: beim Sprachunterricht, bei der Beratung, bei der Essens- oder Kleiderausgabe, beim Reparieren von Fahrrädern und Gestalten von Gottesdiensten. Solche Menschen habe es in dem knappen Jahrzehnt Flüchtlingsnetzwerk-Arbeit immer wieder gegeben, sowohl Ehrenamtliche als auch Hauptamtliche, blickt der Diakon dankbar zurück. „Von großer Bedeutung für die Arbeit des Flüchtlingsnetzwerkes waren die unterschiedlichen gesellschaftlichen KooperationspartnerInnen", sagt Koordinatorin Insa Becker-Wook. „Durch Austausch und gegenseitige Unterstützung wurde ein weitverzweigtes Hilfsnetzwerk aufgebaut."

So engagierten sich die ukrainische Initiative helpNETwork, der Ukrainische Verein in Niedersachsen und die Ukrainisch Griechisch-Katholische Kirchengemeinde St. Wolodymyr

Ein Netzwerk wird zum „Nestwerk".

ebenso für die Geflüchteten aus der Ukraine. Auch regionale Kirchengemeinden boten mit „blaugelben Treffpunkten" Begegnungsorte, Hilfstransporte in die Ukraine entsandte die Marktkirche Hannovers. Gottesdienste in ukrainischer Sprache vermittelten geistliche Heimat, spürbar in den Worten eines Teilnehmers: „Danke, dass ihr uns einen Ort zum Beten gebt".

Sabine Dörfel arbeitet als freie Journalistin für Zeitungen, Zeitschriften und Pressestellen, auch bundesweit. Sie lebt in Hannover. Interviews, Reportagen und Porträts bilden einen Schwerpunkt ihrer Arbeit, häufig auch im Bereich kirchlicher Publizistik.

Andreas Schlager, Schauspieler und Fotograf, arbeitet mit seiner Frau, der Schauspielerin Susana Fernandes Genebra Schlager, an diversen Fotoprojekten. Sie leben in Hannover, Wien und Moledo. Im Zentrum ihrer Arbeit steht für sie stets die Würde des Menschen.

Insa Becker-Wook arbeitet als Pressesprecherin im Kirchenkreis Hannover und leitet dort die Öffentlichkeitsarbeit. Sie hat das Evangelische Flüchtlingsnetzwerk mit aufgebaut und engagiert sich ehrenamtlich für Geflüchtete. Sie wahrzunehmen und wertzuschätzen, das sind die zentralen Aufgaben.

IMPRESSUM
Herausgeber: Evangelisch-lutherischer Kirchenkreis Hannover
Hanns-Lilje-Platz 3, 30159 Hannover
Redaktion: Insa Becker-Wook, Sabine Dörfel
Texte: Sabine Dörfel
Fotos: Andreas Schlager
Gestaltung: she-medien.de, Sybille Felchow
Dolmetscherin: Marianna Dovbush
Lektorat: Regina Oesterle
Druck: Druckerei Schäfer
Hannover 2024

ISBN 978-3-00-078909-0